LES FESTES DE POLIMNIE,

BALLET-HEROIQUE,

REPRÉSENTÉ PAR L'ACADEMIE ROYALE DE MUSIQUE;

Pour la premiere fois, le mardi 12 d'octobre 1745.

DE L'IMPRIMERIE
De JEAN-BAPTISTE-CHRISTOPHE BALLARD,
doyen des imprimeurs du Roi, ſeul pour la muſique,
et pour l'Académie royale de muſique.

A Paris, au Mont-Parnaſſe, rue S. Jean-de-Beauvais.
Avec privilége de Sa Majeſté.
LE PRIX EST DE XXX SOLS.

AU ROI.

RAND ROI, pour célébrer tes vertus & ta gloire,
Les Arts n'ont pas besoin d'orner la vérité:
Tu n'as point à rougir d'un Eloge flaté,
Tes Exploits éclatans sont peints d'après l'Histoire,
Tels qu'ils seront jugés par la posterité:
Vois-les déja gravés au temple de Mémoire;
Jouis dès ton printems, de l'immortalité.

DE CAHUSAC.

PROLOGUE,

LE TEMPLE DE MEMOIRE.

LE premier Acte, LA FABLE.

Le Second, L'HISTOIRE.

Et le Troisiéme, LA FE'ERIE.

ACTEURS ET ACTRICES, chantans dans tous les Chœurs.

CÔTE' DU ROY.		CÔTE' DE LA REINE.	
Mesdemoiselles	*Messieurs*	*Mesdemoiselles*	*Messieurs*
Dun,	Marcelet,	Cartou,	De Serre,
Tulou,	St. Martin,		Gratin,
	Lefebvre,	Monville,	Le Mesle,
Delorge,	Le Page,		Laubertie.
		Lagranville,	Berton,
Varquin,	Chabourd,		Deshais,
	Fel,	Maçon,	Levasseur,
Dalemand-C.,	Houbaut,		Buseau,
	Bourque,	Rolet.	Belot,
Larcher,	Bornet,		Louatron,
	Gallard,	Desgranges,	Forestier,
Delastre,	Duchênet,		Orban,
Riviere.	Rochette.	Gondré,	Terasse.

La Musique est de Monsieur RAMEAU.

PROLOGUE,

LE TEMPLE DE MÉMOIRE.

ACTEURS CHANTANS.

MNEMOSINE, *Déesse de la Mémoire, mere des Muses.* Mlle Chevalier.

LA VICTOIRE, Mlle Romenville.

UN CHEF DES ARTS, Mr De la Tour.

POLIMNIE, Mlle Bourbonnois.

Toutes les Muses.

Tous les Arts.

ACTEURS DANSANS.

LES ARTS.

Monsieur Malter-troisiéme;

Messieurs P-Dumoulin, Hamoche, Levoir, De Vice, Feuillade, Caillez.

LES MUSES.

Mesdemoiselles Rabon, Rosalie, Erny, Lyonois, Thiery, Puvignée, Carville, Beaufort.

Monsieur Matignon, Mademoiselle Lyonnois.

PROLOGUE.

Le théâtre représente le temple de Mémoire.

SCENE PREMIERE.

MNEMOSINE, LE CHEF DES ARTS, Suite du Chef des ARTS, et de MNEMOSINE.

MNEMOSINE.

PUIS du temple de mémoire,
Seuls Ministres de ses Autels,
Fils de Minerve, Arts immortels
De l'univers vos mains gravent l'histoire,
Sur le marbre & l'airain de ces murs éternels.
A vos travaux que vos concerts s'unissent.
Des ravages du tems sauvés la vérité.
Eclairés votre siecle & la posterité.
La gloire des Heros que vos chants aplaudissent
Jouit de l'immortalité.

LE CHOEUR, *A nos travaux*, &c.

On danse.

LE CHEF DES ARTS.

La Discorde & l'Envie ont allumé la guerre;
Les airs ne brillent que de feux.
Tout s'arme contre un Roi favorisé des Dieux,
La terreur & la mort vont désoler la terre.

CHOEUR.

Doux charme des cœurs vertueux,
Paix aimable, écoutés nos vœux.

MNEMOSINE, ET LE CHEF DES ARTS.

Jupiter, lance la foudre
Sur les ennemis de la paix!
Eclate, réduis en poudre
Des Peuples orgueilleux, jaloux de tes bienfaits!

CHOEUR.

Doux charme des cœurs vertueux,
Paix aimable, écoutés nos vœux.

On danse.

On entend le son des trompettes, des clairons, des timbales, *&c.*

MNEMOSINE.

Ces sons brillans annoncent la Victoire;
Les Muses pour l'entendre, ont quitté leurs travaux.

SCENE II.

SCENE II.

MNEMOSINE, LE CHEF DES ARTS, LA VICTOIRE sur un char brillant, POLIMNIE, Toutes les MUSES, Suite du CHEF DES ARTS.

LA VICTOIRE.

Muses, chantez, célébrez un Heros
Qui ne doit qu'à son bras les faveurs de la gloire.

Je cédois en esclave aux loix de ses Ayeux:
J'ai voulu m'afranchir, ou tenter son courage.
J'ai secondé l'effort d'un peuple audacieux;
Dans des torrens de sang, dans l'horreur du carnage
Je me suis cachée à ses yeux.
Sa valeur jusqu'à moi s'est ouverte un passage,
Il a sçu saisir l'avantage
Du seul instant qui pouvoit être heureux:
C'en est fait. Je me rends pour jamais à ses vœux,
Et ma conquête est son ouvrage.

Chantez, célébrez un Heros
Qui ne doit qu'à son bras les faveurs de la gloire:
Les paisibles vertus de ses jours de repos
Ont assez embelli le temple de mémoire.
Consacrez-lui des chants nouveaux.

CHOEUR.

Consacrons-lui des chants nouveaux,
Il ne doit qu'à son bras les faveurs de la gloire...

LA VICTOIRE.

Je cours d'un Roi qu'il aime, illustrer les drapeaux.
Mon Heros à son gré fait voler la victoire.

Elle vole.

SCENE III.

Les Acteurs de la Scene précédente.

CHOEUR.

Consacrons-lui des chants nouveaux.
Ce Héros à son gré fait voler la victoire;
Il ne doit qu'à son bras les faveurs de la gloire,
Consacrons-lui des chants nouveaux;
Les paisibles vertus de ses jours de repos
Ont assés embelli le temple de mémoire.

Chantons, célébrons un Heros
Qui ne doit qu'à son bras les faveurs de la gloire;
Les paisibles vertus de ses jours de repos
Ont assés embelli le temple de mémoire.

On danse.

LE CHEF DES ARTS.

Muses, secondez-nous, pour le plus grand des Rois,
Ce n'est pas assés de l'histoire.
Qu'un monument digne de ses exploits,
Immortalise sa victoire.

BALLET FIGURÉ.

Les Arts élevent une Statue d'or, représentant la Figure du ROI, la Renommée les aîles déployées, pose sur sa Tête une couronne de laurier: A droite & à gauche les Arts élévent deux Trophées d'armes, d'étendars, &c. Sur les marches du pié-d'estal, on voit deux Groupes; Le premier représente la Gloire qui enchaîne le temps: Le second représente la Vertu foulant aux pieds l'envie.

Dès que le Monument est élevé, et après que les Muses & les Arts l'ont couvert de guirlandes de lauriers,

LE CHEF DES ARTS, MNEMOSINE, ET LE CHOEUR.

Que du nom du Vainqueur ces voutes retentissent!

LE CHEF DES ARTS, MNEMOSINE.

Il régne sur les cœurs de ses heureux sujets,
C'est à l'Amour qu'ils obéissent.

LE CHOEUR.

Qu'à son nom seul ses ennemis palissent!
Qu'ils viennent en tremblant, lui demander la paix!
Qu'ils se dispersent! Qu'ils périssent!
Que sa gloire vive à jamais.

On danse.

POLIMNIE.

Muses, à vos nobles efforts,
Polimnie unira ses plus tendres accords.
Faisons entre-nous le partage
De ses travaux, de ses loisirs.
Faites voler sa gloire d'âge en âge,
Et j'aurai soin de ses plaisirs.

On danse.

POLIMNIE.

Guerriers, dont la Victoire a couronné les têtes,
Venez, acourez à ma voix;
Venez prendre part à mes fêtes,
Sur les cœurs des Heros, le plaisir a ses droits:
Les délasser de leurs conquêtes,
C'est préparer leurs bras à de nouveaux exploits.

LE CHOEUR.

Que du non du Vainqueur ces voutes retentissent!
Il régne sur les cœurs de ses heureux sujets,
C'est à l'amour qu'ils obéissent:
Que sa gloire vive à jamais.

FIN DU PROLOGUE.

LA FABLE.

ACTEURS CHANTANS.

LE DESTIN,	Mr Lefevre.
JUPITER,	M Le Page.
HEBE',	Mlle Fel.
ALCIDE,	Mr Jelyotte.

DIEUX ET DE'ESSES.
L'HIMEN, LES JEUX.
LES GRACES, LES PLAISIRS.

ACTEURS DANSANS.

JEUX ET PLAISIRS;

Monſieur Dupré;

Meſſieurs Caillez, Feuillade, P-Dumoulin, De Vice;

Mademoiſelle Le Breton;

Meſdemoiſelles Courcelle, St Germain, Lyonois, Erny, Beaufort.

L'HIMEN;

Mademoiſelle Puvignée.

DIEUX ET DE'ESSES;

Meſſieurs Monſervin, Dumay, Malter-C., Dangeville, F-Dumoulin;

Meſdemoiſelles Carville, Rabon, Roſalie, Thiery, Puvignée.

ACTE PREMIER.

LA FABLE.

Le théâtre repréſente le ciel.

SCENE PREMIERE.

ALCIDE.

MOUR, charmant Vainqueur,
reçois dans ces beaux lieux,
D'Alcide le premier homage.
Tu m'as embraſé de tes feux,
Que la jeune Hebé les partage!
Acheve ta victoire en me rendant heureux.

Si le Deſtin met obſtacle à mes vœux,
Le Dieu puiſſant qui lance le tonnerre
M'éleve envain au rang des Dieux,
Je vais éprouver dans les cieux,
Tous les malheurs qui ravagent la terre.

Amour, charmant Vainqueur, &c.

Elle vient... O dieux! Qu'elle eſt belle!

SCENE II.

ALCIDE, HEBE', JEUX, GRACES, ET PLAISIRS de la suite d'HEBE'.

HEBE', A ALCIDE.

Vos regards sont frapés d'une clarté nouvelle
Que le tems n'éteindra jamais ;
Dans le sein du bonheur Jupiter vous apelle,
Venés jouir de ses bienfaits.

Qu'à la voix d'Hebé tout réponde !
Pour célébrer le Fils du Souverain du monde
Jeux, et Plaisirs, unissés vos attraits.

On danse.

BALLET FIGURE'

Des Graces, des Jeux, et des Plaisirs.

HEBE', pendant le Ballet, alternativement avec LE CHOEUR.

Dans ce beau séjour tout respire
Les charmes de la liberté.
Nous ne connoissons que l'empire
De la plus douce volupté.
Jamais le cœur n'est arrêté
Que par le plaisir qu'il desire.

A ALCIDE.

A ALCIDE.

Jouissez avec nous
D'un bonheur aussi doux.

Enchantez toujours notre vie
Volez plaisirs, comblez nos vœux.

CHOEUR.

Volez plaisirs, comblez nos vœux.

HEBE'.

Nos momens sont dignes d'envie,
Et nous n'avons point d'envieux;
Sans le bonheur des autres dieux,
Nous serions bien moins heureux.

CHOEUR.

Tout nous-rit dans ces lieux,
Tout y charme nos yeux.

HEBE'.

Volez Amours, parez les cieux.

CHOEUR.

Volez plaisirs, comblez nos vœux.

HEBE'.

Dans ce beau séjour, tout respire
Les charmes de la liberté,
Nous ne connoissons que l'empire
De la plus douce volupté;
Jamais le cœur n'est arrêté
Que par le plaisir qu'il desire.

A ALCIDE.

Lorsque tout retentit de nos chants d'allegresse,
Alcide seul, dans cet heureux séjour,
Semble accablé d'une sombre tristesse?

ALCIDE.

Envain à mon bonheur tout le Ciel s'interesse,
Il ne depend que de l'Amour.

HEBE'.

L'Amour pour les Mortels est un dieu redoutable,
Ses bienfaits sont mêlés de craintes & de pleurs;
Mais pour les dieux plus favorable,
Il ne soumet leurs cœurs
A son pouvoir aimable,
Que pour les combler de faveurs.

ALCIDE.

Que je crains bien, au trouble qui m'accable,
D'être blessé d'un de ces traits cruels
Qu'il reserve pour les mortels!

HEBE'.

Dissipez de vaines allarmes ;
Pourquoi des mains de la beauté
Refuser des nœuds pleins de charmes ?
Les dieux, en lui rendant les armes,
Assurent leur félicité.

ALCIDE.

C'est de vous que j'attens celle où mon cœur aspire.
Dans ce séjour délicieux,
Lorsqu'à ma gloire tout conspire,
Je ne cherche que vous ; loin de vous, je soupire,
Vous fixés mon cœur, et mes yeux.
Vous plaire est le seul bien que mon ame desire,
Et je serois mille fois plus heureux
De vivre dans les fers sous votre aimable empire,
Que de regner sans vous, sur la terre & les cieux.

HEBE'.

Qu'entens-je !...

ALCIDE.

Aimable Hebé, rendez-vous à mes vœux.

HEBÉ.

Lorsque de mon himen la pompe se prépare!...

ALCIDE.

Le Destin cache encor le nom de votre époux.
Je sai que Mars aspire à des liens si doux,
Et Junon pour lui se déclare ;
Mais Alcide ne craint que vous.

Aimez, aimez répondez à ma flamme ;
L'Amour seul, de l'Hymen doit allumer les feux.
Ah ! Si je puis interresser votre ame,
Je saurai braver Mars, Junon, et tous les dieux.
Vous ne répondés point ?...

HEBÉ.

J'ignore l'art de feindre.
Je dois obéir au Destin ;
Mais vous n'aurés point à vous plaindre,
S'il consulte mon cœur sur le don de ma main.

ALCIDE.

Ciel ! Mon bonheur passe mon esperance...
Mais, Jupiter suivi de la celeste cour
Vient honorer ces lieux de sa présence.

SCENE III.

JUPITER, DIEUX ET DE'ESSES, ALCIDE, HEBE', Suite D'HEBE'.

JUPITER, A ALCIDE.

DU Destin qui peut seul couronner ton amour,
Je vais en ta faveur implorer la puissance.

AUX DIEUX ET DE'ESSES de sa Suite.

Immortels, du Destin le palais va s'ouvrir.
Heureux! Que du haut de son trône,
La majesté qui l'environne
A nos regards daigne se découvrir.

Le palais du Destin s'ouvre ; il est sur un trône d'or entouré de nuages. On voit aux pieds de son trône, la Fortune, le Tems, la Gloire, la Victoire, les Vents, *&c.* Toutes ces Divinités sont dans le plus profond respect, et elles chantent au moment de l'ouverture du palais.

Grand-Chœur. *Que tout tremble, et s'anéantisse*
Devant l'Etre puissant qui régit l'univers!

Petit-Chœur. *Qu'à sa gloire tout aplaudisse!*
Que le ciel, la terre, et les airs
Retentissent de nos concerts!

Crand-Chœur. *Que tout tremble*, &c.

HIMNE AU DESTIN.

JUPITER, HEBE', ALCIDE, alternativement avec les Chœurs.

ETre éternel, ſuprême intelligence,
Devant toi toute autre puiſſance
Doit où diſparoître, ou fléchir.
A ta voix le malheur, la gloire, l'abondance;
La vie & le trépas s'empreſſent d'obéir,
Ta redoutable main à ton choix les diſpenſe.
Le ciel, l'onde, l'enfer, les dieux, et les mortels,
Tout adore, et ſubit tes decrets éternels.
Le Dieu des autres dieux en tremblant, te contemple.
L'univers entier eſt ton temple,
Et les Mondes ſont tes autels.

JUPITER, AU DESTIN.

Alcide attend le ſort dont tu m'avois flatté,
Pour honorer l'éclat de ſa valeur ſuprême.
Le bonheur fait le prix de l'immortalité,
Il n'en eſt point ſans ce qu'on aime.

JUPITER, HEBE', ALCIDE.

Nous implorons ta bonté ſouveraine.
Sois ſenſible aux ſoupirs de {ces / deux} tendres amans.
Daigne aprouver des nœuds charmans
Dont l'Amour même les enchaîne.

Les nuages qui sont devant le trône du Destin, s'écartent.

LE DESTIN.

La vertu fait les dieux.
Qu'Alcide soit heureux.

Les nuages couvrent le Destin, d'abord qu'il a parlé.

JUPITER.

D'Alcide couronne la flamme,
Vole Hymen, vole au gré de ses desirs;
Mais pour regner à jamais sur son ame,
Laisse former tes nœuds par la main des plaisirs.

BALLET FIGURE'.

L'HYMEN, ET LES PLAISIRS unissent ALCIDE ET HEBE', avec des guirlandes de fleurs.

ALCIDE, A HEBE'.

Mon bonheur est égal à mon amour fidéle,
Rien ne peut désormais en alterer le cours.
Hebé vous êtes immortelle,
Et je puis vous aimer toujours.

ALCIDE, ET HEBE'.

Dieux immortels, écoutés nos Sermens,
L'Hymen nous a liés d'une chaîne éternelle;
Mais l'Amour à tous les momens,
Embrasera nos cœurs d'une flamme nouvelle,
Vous nous verrés toujours amans.

On danse.

CANTATILLE.

HEBE'.

Les jours pour nous sont sans nuages,
Des Aquilons impétueux
Nous ne craignons point les ravages,
Un printems éternel les bannit de ces lieux.

On danse.

Pour enchanter le cours d'une vie immortelle,
Le plaisir à tous les instans,
Remplit nos desirs renaissans,
Se varie, et se renouvelle,
Il fixe ici le bonheur, et le tems.

On danse.

ALCIDE, ET HEBE'.

En DUO, avec le Chœur qui reprend.

Loin de nous la sombre tristesse,
Les soins, les pleurs, et les soupirs.
Si le Destin qui pour nous s'interesse,
Donne des aîles aux plaisirs,
C'est pour égaler leur vitesse
Au rapide essor des desirs.

FIN DU PREMIER ACTE.

L'HISTOIRE.

ACTEURS CHANTANS.

SELEUCUS, *Roi de Sirie*, Mr De Chassé.

STRATONICE, *Princesse promise à* SELEUCUS. Mlle Chevalier.

ANTIOCHUS, *fils de* SELEUCUS, Mr Jelyotte.

UNE SIRIENNE, Mlle Coupée.

SIRIENS ET SIRIENNES.

ACTEURS DANSANS.

PEUPLES SIRIENS;

Monsieur Thessier;

Mademoiselle Dalmand;

Monsieur Monservin, Mademoiselle Carville;

Messieurs Dupré, Gherardi, Hamoche, Levoir;

Mesdemoiselles Rabon, Rosalie, Beaufort, Thiery.

ACTE SECOND.

L'HISTOIRE.

Le théâtre repréſente les jardins des Rois de Sirie.

SCENE PREMIERE.

Chœur de Peuples & de Guerriers qui célébrent le retour du Roi *Seleucus*, qui vient de remporter la fameuſe victoire d'*Ipſus*. Ils ſe rendent en chantant & danſant dans cette partie des jardins où ſe paſſe la Scene.

LE CHOEUR.

HANTONS le retour & la gloire
Du Souverain qui nous donne des loix.
Célébrons, chantons ſes exploits :
Que la fortune & la victoire
Volent toujours à ſa voix.

On danſe.

UNE SIRIENNE, AUX GUERRIERS.

Ne quittés plus ces lieux paisibles,
Que l'Amour desarme vos mains.
La Gloire a des momens terribles,
L'Amour n'a que des jours serains.

On danse.

LA SIRIENNE.

Heros, d'un Peuple heureux & l'amour & l'espoir,
Dans l'horreur des combats, pourquoi chercher la gloire?
La douleur de ne vous pas voir
Nous fait payer trop cher la plus belle victoire.
Ne quittés plus ces lieux paisibles,
Que l'Amour désarme vos mains
La Gloire a des momens terribles,
L'Amour n'a que des jours serains.

On danse.

CHOEUR DES GUERRIERS.

Triomphe Amour, vole, enchaîne nos cœurs;
Quand la victoire nous couronne,
Reserve toujours tes faveurs
Pour les favoris de Bellone:
Amour, sois le prix des vainqueurs.

SCENE II.

SELEUCUS, STRATONICE, CHOEUR DE PEUPLES ET DE GUERRIERS.

SELEUCUS.

J'Aime à voir éclater vos transports d'allegresse,
Allés jouir des charmes de la paix,
Peuples, j'aurai pour vous d'un Pere la tendresse:
Vous, soyés mes Enfans, portés ce nom sans cesse,
Oubliés celui de Sujets.

CHOEUR.

Ciel! O Ciel! Qu'à ses jours ta bonté s'interesse!
Il les compte par ses bienfaits.

SCENE III.

SELEUCUS, STRATONICE.

SELEUCUS.

LOrsque l'Himen, par le nœud le plus tendre,
S'apprête à nous unir tous deux,
Princesse, mon fils va descendre
Sur le rivage ténébreux.
Cédés aux pleurs d'un pere malheureux.

C'est vous seule aujourd'hui que ma douleur implore,
Epargnés à mon cœur un regret éternel,
Voyés Antiochus ; Il en est tems encore.
De la langueur qui le dévore,
Pénétrés, s'il se peut, le mistere cruel.

STRATONICE.

Croyés-vous Stratonice à ses maux insensible ?
Que ne ferois-je point pour conserver ses jours !

SELEUCUS.

Pour prévenir ce coup terrible,
Je n'ai plus d'autre espoir que dans votre secours.

Je dois à sa valeur l'éclatant avantage
Qui m'a fait triompher dans les plaines d'Ipsus.
J'adore vos attraits, je cheris ses vertus,
Entre vous deux tout mon cœur se partage ;
Mais, malgré l'amour qui m'engage,
Ma mort suivroit celle d'Antiochus.

STRATONICE.

Hélas ! Qui pourroit se défendre
De plaindre son sort rigoureux ?

SELEUCUS.

Si mon Trône suffit pour le rendre à mes vœux,
Qu'il s'explique, j'en vais descendre.
Princesse, on l'amene en ces lieux ;
C'est de vous que son sort & le mien vont dépendre.

Il sort.

SCENE IV.

STRATONICE.

Triste recours des malheureux,
Raison, si ton flambeau céde au feu qui m'enflamme,
Cache du moins mon trouble à tous les yeux.

Mais je t'implore en vain, je sens croître ma flamme.
Hélas! Que peux-tu sur une ame
Que l'amour remplit de ses feux?

Triste recours des malheureux,
Raison, si ton flambeau céde au feu qui m'enflamme;
Cache du moins mon trouble à tous les yeux.

SCENE V.

STRATONICE, ANTIOCHUS.

ANTIOCHUS.

C'Est la Princesse!... O Ciel!...

STRATONICE.

D'un Pere qui vous aime,
Calmés le cruel désespoir,
Soyés touché de sa douleur extrême.
La gloire, l'amitié, tout vous fait un devoir
De prendre pitié de vous-même.

ANTIOCHUS.

à part.

Princesse... C'en est fait... Dieux! Quels combats nouveaux!
Je sens succomber mon courage.

A STRATONICE.

Pour un cœur accablé de maux,
La mort n'est qu'un heureux passage
De l'horreur des tourmens aux douceurs du repos.

STRATONICE.

De vos ennuis secrets vous êtes la victime.
Eh! Pourquoi nous cacher la cause de vos pleurs?
Parlés, Prince, à ma foi confiés vos douleurs....

ANTIOCHUS.

Que dites-vous?... Grands Dieux!... Au destin qui m'oprime
Je puis imputer mes malheurs.
Si je parlois, ils deviendroient un crime.

STRATONICE.

Cette injuste ardeur de mourir
Fait votre crime, et notre peine.
Il n'est point de malheurs qu'on ne puisse adoucir.

ANTIOCHUS.

J'expirerai dumoins, sans craindre votre haine.

STRATONICE.

STRATONICE.

Que votre ame s'ouvre à l'espoir,
Le Roi vous offre tout, jusqu'à son Diadême.

ANTIOCHUS.

Mes vœux sont au-dessus de la grandeur suprême.
Mon bonheur passe son pouvoir.
Sans en mourir, céde-t-on ce qu'on aime?

STRATONICE.

Qu'entens-je! ... Hélas! ... Prince trop malheureux!

ANTIOCHUS.

Auprès de vous je n'ai pû me contraindre.
Aux yeux de son vainqueur, un amant peut-il feindre?
Mais je vange en mourant, Vous, mon Pere, et les Dieux.

STRATONICE.

En mourant! ... Ah! Cruel! ... Voyez couler mes larmes.
La mort nous frapera tous deux des mêmes coups.

ANTIOCHUS.

Ciel! ... Quel aveu! Quel moment plein de charmes!
Mon cœur suffit à peine à des transpors si doux.

SCENE VI.

SELEUCUS, STRATONICE, ANTIOCHUS.

SELEUCUS, A STRATONICE.

Que faut-il enfin que j'espere ?...

ANTIOCHUS.

Ne cherchés point à découvrir ?
Un trop fatal mistere. ...

SELEUCUS.

Ingrat ! Rien ne peut t'attendrir.
Mon désespoir t'aigrit, mon amitié te blesse.

ANTIOCHUS.

Ce reproche cruel manquoit à mes malheurs.
Jugés quel est pour vous l'excès de ma tendresse.
Seigneur, j'adore la Princesse,
Vous l'aimés, et je meurs.

SELEUCUS.

L'ai-je bien entendu !...

ANTIOCHUS.

J'ai rompu le silence.
Vivés heureux, je vais perdre le jour.

SELEUCUS.

Prince trop généreux, crois-tu que je balance
Entre la nature & l'amour?

A ANTIOCHUS.

Que ton amour éclate.

A STRATONICE.

Princesse, comblés tous nos vœux.
Formés un hymen qui me flate.
*Vous faites mon bonheur * en le rendant heureux.*

ANTIOCHUS, ET STRATONICE.

De nos malheurs vous arrêtés le cours,
Vous nous rappellés à la vie,
Et nos cœurs vont s'unir, pour vous aimer toujours.

SELEUCUS.

C'est votre Roi qui vous apelle,
Peuples, par mille jeux, par les plus doux accords,
Venez signaler votre zele,
Et partager tous mes transpors.

On danse.

* En montrant ANTIOCHUS.

SCENE DERNIERE.

Les Acteurs de la Scene précédente.

PEUPLES DE SIRIE.

Entrée des PEUPLES.

ANTIOCHUS.

Dans l'objet qu'on aime
Tout devient charmant,
C'est l'Amour lui-même.
Ah! Qu'on est heureux en aimant!

Un regard enchante un amant;
Un souris est le bien suprême.
Dans l'objet qu'on aime
Tout devient charmant,
C'est l'Amour lui-même;
Ah! Qu'on est heureux en aimant!

On danse.

Peuples heureux, unissés-vous à moi.
Chantons, célébrons sans cesse
La gloire, et les bienfaits de notre auguste Roi.
Notre bonheur est la premiere loi
Que nous impose sa tendresse.

CHOEUR.

Chantons, célébrons sans cesse
La gloire, et les bienfaits de notre auguste Roi.
Notre bonheur est la premiere loi
Que nous impose sa tendresse.

ANTIOCHUS.

Dans les champs ennemis, entraîné par la Gloire;
Sur les aîles de la Victoire,
Il fait voler le trépas, et l'effroi.

CHOEUR.

Chantons, célébrons sans cesse
La gloire, et les bienfaits de notre auguste Roi.
Notre bonheur est la premiere loi
Que nous impose sa tendresse.

ANTIOCHUS.

Quand ſa valeur répand la terreur ſur la terre,
Son cœur gemit de ſes ſuccès.
L'affreux ravage de la guerre
Lui fait verſer des pleurs ſur ſes triſtes ſujets.
Son bras ne s'arme du tonnerre,
Que pour faire regner la paix.

CHOEUR.

Chantons, célébrons ſans ceſſe
La gloire, et les bienfaits de notre auguſte Roi.
Notre bonheur eſt la premiere loi
Que nous impoſe ſa tendreſſe.

FIN DU SECOND ACTE.

LA FÉERIE.

ACTEURS CHANTANS.

ORIADE, *Fée*, Mlle Romainville.

ARGELIE, *jeune fille élevée dans le palais de la Fée*, Mlle Fel.

ZIME'S, *fils d'*ORIADE, Mr De Chassé.

NIMPHES de la Cour de la Fée.

CHASSEURS de la suite DE ZIME'S.

ACTEURS DANSANS.

CHASSEURS;

Monsieur Pitro;

Messieurs Monservin, Gherardi, Matignon, Dupré, Levoir, De Vice, Feuillade, Hamoche.

NIMPHES;

Mademoiselle Camargo;

Mesdemoiselles Lyonois, Carville, Erny, Rabon, Rosalie, Beaufort, Courcelle, St Germain, Thiery.

Monsieur D-Dumoulin, Mademoiselle Camargo.

ACTE TROISIÉME.

LA FÉERIE.

Le théâtre repréſente une Forêt ſombre : Dans l'enfoncement on voit un Deſert, des Antres, des Précipices, des Rochers, &c.

SCENE PREMIERE.

ORIADE, ARGELIE.

ORIADE.

RRETONS-nous dans ces Forêts.

ARGELIE.

Eh! Pourquoi retarder le bonheur que j'eſpere?
Cet aimable Zimés, dont vous êtes la Mere....

ORIADE.

Il eſt l'objet de mes regrets.
Vous l'avés vû dans votre enfance.
Vous faiſiés tous les deux ma plus douce eſperance;
Mais la barbare Alcine a détruit mes projets.

Vous est-il toujours cher ?. . .

ARGELIE.

Ma tendresse est extrême.
Tout vous assûre que je l'aime.
Mon cœur vole au-devant du sien.
Vos soins dès mon enfance ont formé ce lien,
J'ai toujours vû Zimés comme un autre moi-même.
J'ai sçû son nom avant le mien.
Tout vous assure que je l'aime.
Mon cœur vole au devant du sien.

ORIADE.

Alcine autrefois ma Rivale,
Par l'amour vit ses feux trahis.
Contre moi sans pouvoir, elle accable mon fils
Du poids de sa haîne fatale.
Elle enchaîne ses pas dans ces déserts affreux.
Son cœur est devenu sanguinaire, et sauvage.
Par un charme cruel son farouche courage
L'entraîne hors de lui-même & le rend malheureux.

ARGELIE.

Qu'entens-je !...

ORIADE.

A vos regards il va bien-tôt paroître.
A ses malheurs, j'ai dû vous préparer.

ARGELIE.

Cruel! Après l'ardeur que vous avés fait naître...

ORIADE.

Elle est le seul secours que je puis esperer.
Plaignez-vous, plaignez-moi, sans me croire coupable.
Ecoutés l'Arrêt du Destin.
» Contre Zimés Alcine s'arme en vain,
» S'il inspire, et ressent un amour véritable.

ARGELIE.

Puis-je esperer de l'enflammer?
Hélas! Est-ce assez pour charmer,
D'avoir un cœur tendre, et sincere?
Il ne faut point d'art pour aimer,
Et toujours il en faut pour plaire.

ORIADE.

Dans votre amour je mets tout mon espoir.
Sans doute à tant d'attraits Zimés rendra les armes.
** Mais je vous remets mon pouvoir:*
Joignés l'art à l'amour, ma puissance à vos charmes.

Elle sort.

ARGELIE.

Quoi! Vous quittés sans moi ce séjour odieux?

* Elle lui remet sa Baguette.

SCENE II.

ARGELIE.

ELle fuit . . . Tendre Amour, affermi ma constance...
** Mais de quel bruit retentissent ces lieux...*
Il redouble. . . . Quels sons ! . . . Une Troupe s'avance.
Servons-nous de notre puissance ,
Pour nous cacher à tous les yeux.

Elle sort.

* On entend le bruit d'une Chasse.

SCENE III.

ZIME'S, Troupe de Chasseurs armés de Javelots, d'Epieux, &c. vêtus de peaux de bêtes feroces.

ZIME'S, ET LE CHOEUR.

LA Chasse est l'image
Des sanglans combats.

Ah ! que la guerre a d'appas !
Des Ours affrontons la rage,
Que le sang & le carnage
Volent par tout devant nos pas.

La Chasse est l'image
Des sanglans combats.

Ah ! Que la guerre a d'appas !

On danse.

ZIMÉS.

Imitez l'éclat des Trompettes ;
Que le son des Cors
Brille & forme des accords.

LE CHOEUR.

Imitons, &c.

ZIMÉS.

Quand les combats guerriers manquent à nos transports,
La Chasse a des douceurs parfaites.

LE CHOEUR.

Imitons, &c.

ZIMÉS.

Sauvages habitans de ces sombres retraites,
Tombez, tombez sous nos efforts,
Imités l'éclat des Trompettes;
Que le son des Cors
Brille & forme des accords.

LE CHOEUR.

Imitons l'éclat des Trompettes,
Que le son des Cors
Brille & forme des accords.

On danse.

ZIME'S.

Courez, volez dans ces forêts ;
Allez ensanglanter vos traits.
Qu'à la Gloire chacun immole une victime.
Jouissons de notre valeur.
Qu'une noble ardeur nous anime :
Faisons regner par tout la mort & la terreur.

CHOEUR.

Courons, volons dans ces forêts ;
Allons ensanglanter nos traits.

La Troupe s'éloigne.

SCENE IV.

ZIME'S.

QUe deviens-je ! . . où m'entraîne un transport odieux !
Ne pourai-je calmer le trouble qui me presse ?
Un bonheur inconnu fait l'objet de mes vœux.
Je le cherche, il me fuit, et sans lui, tout me blesse.
La langueur, les ennuis, consument ma jeunesse.
Quels mouvemens confus ! . . . Quels combats rigoureux ! . . .
Mon cœur fletri par la tristesse,
Me semble environné sans cesse
Des abîmes d'un vuide affreux.

Que deviens-je!... Où m'entraîne un tranſport odieux!
Ne pourai-je calmer le trouble qui me preſſe?
Un bonheur inconnu fait l'objet de mes vœux.
Je le cherche, il me fuit, et ſans lui, tout me bleſſe.
Evitons dans ces lieux les ardeurs du Soleil,
Les momens que je perds dans les bras du ſommeil,
Sont les ſeuls heureux de ma vie.

Il s'endort ſur un lit de Mouſſe.

SCENE V.

ARGELIE, ZIME'S endormi.

ARGELIE.

Que ſes regrets m'ont attendrie!...
Le ſommeil à ſes traits, a rendu leur douceur.
Un objet qu'on adore
Devient plus cher encore
Lors qu'il eſt en proye au malheur.
Cédés à la clarté du jour,
Sombres forêts, dont l'horreur m'épouvante.
Charmes de ma flamme conſtante
Paſſés dans cet affreux ſéjour.
Qu'ici tout inſpire, et reſſente
Les feux, les tranſports de l'Amour!

SCENE VI.

Le Théâtre change, et représente des Jardins embellis par tout l'art de la Féerie.

ARGELIE, ZIME'S endormi, Troupe de Nimphes de la Cour d'ORIADE.

ARGELIE, ET LE CHOEUR, tandis que les autres Nimphes dansent.

LE Ciel, la terre, et l'onde,
Adorent l'Amour
Sa flamme est le flambeau du monde...

ZIME'S.

Quels accords importuns! ... Où suis-je! ... Quel séjour! ...

ARGELIE, ET LE CHOEUR.

Le Ciel, la terre, & l'onde
Adorent l'Amour,
Sa flamme est le flambeau du monde:
Sans ses feux, le plus beau jour
Se change en une nuit profonde.
Le Ciel, la terre, et l'Onde
Adorent l'Amour
Sa flamme est le flambeau du monde.

On danse.

ZIME'S.

ZIMÉS.

Quels charmes inconnus !... Est-ce un songe flatteur !...

LE CHOEUR.

Aimons, aimons, il faut se rendre :
L'indifference est un calme trompeur.

ARGELIE.

Heureuse une ame tendre !
Un penchant vainqueur
La force d'entendre
La voix du bonheur.

LE CHOEUR.

Aimons, aimons, il faut se rendre :
L'indifference est toujours une erreur.

ZIMÉS.

Que d'attraits !

ARGELIE.

Du printemps de l'age
Les tendres desirs
Sont l'heureux partage.
La fleur nouvelle s'engage
Avec les Zephirs.
Les Oiseaux par leur doux ramage,
A l'Amour font un homage
De leurs feux, et de leurs soupirs.
Tout à nos cœurs trace l'image
De l'Amour, et de ses plaisirs.

LE CHOEUR.

Aimons, aimons, il faut se rendre:
Triomphe Amour, regne sur notre cœur.

On danse.

SCENE VII.

ARGELIE, ZIME'S, Chœur de Nimphes, Troupe de Chasseurs dans l'éloignement, qui arrivent ensuite sur le théâtre.

CHOEUR DE CHASSEURS.

La Chasse est l'image
Des sanglans combas;
Ah! Que la guerre a d'appas!
Des Ours affrontons la rage,
Que le sang & le carnage
Volent par tout devant nos pas.
Ah!...

ARGELIE, Chœur de Nimphes.

Le Ciel la terre, et l'onde
Adorent l'Amour:

Sa flamme est le flambeau du monde:
Sans ses feux, le plus beau jour
Se change en une nuit profonde.
Le Ciel, la terre & l'onde
Adorent l'Amour.

Les Nimphes dansent.

ARGELIE, A ZIME'S.

La plus éclatante victoire
Dans le cœur, laisse des desirs.
De le remplir, l'Amour seul a la gloire:
La plus éclatante victoire
Ne vaut pas ses moindres plaisirs.

ZIME'S, A ARGELIE.

Déesse... (En voyant tant de charmes,
Quel autre nom pourrois-je vous donner?)
Mon ame se laisse entraîner:
*J'ose mettre à vos pieds, et mon cœur, et mes armes.**

ARGELIE.

Quoi! Zimés, de l'Amour éprouveroit les coups?

ZIME'S.

Ma fierté disparoît. Je tremble à vos genoux:
De mes premiers soupirs je vous fais un homage.
Je méprisois l'Amour, je bravois son courroux,
J'ignore encore son langage,
Mais je ne veux l'apprendre que de vous.

*** Sa flamme m'anime & m'éclaire:*
Cruels transports d'une ardeur sanguinaire,
Ne troublez plus un cœur plein de plus nobles feux;
Le mortel le plus craint est le plus odieux.

* Il tombe aux pieds d'ARGELIE.

** En se relevant.

SCENE DERNIERE.

Les Acteurs précédens, ORIADE, sur son Char.

ORIADE, avant de descendre.

Je triomphe d'Alcine, et ne crains plus sa haîne,
Argelie a comblé mes vœux.
Aimés, mon fils, soyés heureux.
L'Amour vous prépare une chaîne
Dont rien ne brisera les nœuds.

ORIADE descend.

ZIME'S, A ARGELIE.

Ce n'est que de ce jour que commence ma vie.
Je retrouve ma mere & j'adore Argelie.
Vous dont, presqu'en naissant, j'admirois les attraits?
J'aurois dû vous connoître au transport qui me presse.
Se peut-il qu'à mon sort votre cœur s'interesse?

ARGELIE.

L'heureux changement de Zimés,
Est l'ouvrage de ma tendresse,
Je vais jouir de mes bienfaits.

ORIADE, ARGELIE, ZIME'S.

{Aimons-nous / Aimés-vous} sans cesse:
Que l'Amour par de nouveaux traits,
Chaque jour triomphe & {vous / nous} blesse.
{Aimons-nous / Aimés-vous} sans cesse:
{Aimons-nous / Aimés-vous} à jamais.

ZIME'S, à la troupe des Chasseurs.

Vous, dont le cœur audacieux
Ne cherchoit le bonheur qu'au milieu des allarmes,
Connoissez votre erreur, et devenez heureux.
Quittez, quittez vos armes,
Rendez homage à la beauté,
Les plaisirs lui doivent leurs charmes.
Et le cœur sa felicité.

On danse.

BALLET FIGURE'.

Les Chasseurs par leurs empressemens, marquent le desir qu'ils ont de plaire aux Nimphes de la suite D'ARGELIE, elles ne se mêlent point à leur danse, Argelie les y engage.

ARGELIE.

Au vain plaisir de charmer
Ne bornés pas votre gloire :
C'est abuser de la victoire,
Que vouloir plaire sans aimer.

On danse.

UNE NYMPHE, avec le CHOEUR, alternativement.

EPITHALAME.

Dieu de la tendresse,
Blesse
Ces amans
Sans cesse,
Prens
Les ans
De leur printemps.
Loin d'eux, bani la tristesse.

Jamais de pleurs,
Toujours des douceurs.
Que les faveurs
Raniment leurs ardeurs !
Viens Hymen, ta chaîne
Menne
Au bonheur sans peine,
Quand les jeux
Serrent tes nœuds.

Volez, quittez-tous Cithere
Jeux, plaisirs, troupe legere,
De leurs jours
Charmez le cours.
Que tout s'empresse à leur plaire!
Chantons tous
Ces heureux Epoux.

FIN DU TROISIE'ME ACTE.

¶ Les retranchemens qu'on a jugez necessaires pendant le cours des premieres Représentations de ce Ballet, sont marqués par un Crochet.

On a encor retranché depuis; page 8, les huit lignes après le Chœur, *Doux charme*, &c.

Page 9, les douze premiers vers.

Page 10, *ces mots* On danse.

Page 11, les onze dernieres lignes.

Page 12, avant le Chœur *ajoutés* On danse. *Ajoutés* encor Mnemosine & le Chef des Arts avec le Chœur, et retranchez le troisiéme vers dudit Chœur.

Page 15, retranchez six vers après *les partage*.

Nota. On a encor transposé le premier Acte à la place du troisiéme, et ce dernier à la place du premier.

APROBATION.

J'AI lû, par ordre de Monseigneur le Chancelier, *Les Fêtes de Polimnie, Ballet-heroique*, en trois Actes, précédé d'un Prologue & d une petite piece de Vers, adréssée au ROI; Je n'y ai rien trouvé qui ne doive en favoriser l'impression. A Versailles, ce treize septembre mil sept cent quarante-cinq.

DE MONCRIF.

Le Privilege du Roi est à la fin des Opera précédens.

www.ingramcontent.com/pod-product-compliance
Lightning Source LLC
LaVergne TN
LVHW050453160826
845677LV00003B/755

* 9 7 8 2 3 2 9 6 6 8 3 1 4 *